ADELAÏDE DE PALERME,

DRAME HÉROÏQUE

EN CINQ ACTES ET EN PROSE.

ADELAÏDE DE PALERME,

DRAME HÉROÏQUE

EN CINQ ACTES ET EN PROSE;

PAR

M.ʳ VILLANOVA DE BOCOGNANO.

PRIX . . . . . . 1 fr. 80 c.

Se vend à LILLE,

Chez { L'Auteur, rue de la Grande-Chaussée, N.º 51.
P. Dumortier, Imprimeur - Libraire,
rue des Manneliers, vis-à-vis la Bourse.

PERSONNAGES.

GUILLAUME, Roi de Sicile.
MATHILDE, Reine de Sicile.
CÉSAR, Généralissime.
LE DUC ASTOLFE, Grand-Amiral.
ADELAIDE, Épouse de César, et Fille de l'Amiral.
LE COMTE HENRY, premier Ministre, Amant d'Adélaïde.
TROIS DAMES D'HONNEUR, (*Personnages muets.*)
RENALDI, Chevalier de la Cour. (*Homme éloquent.*)
DEUX MAGISTRATS.
DEUX DAMES DE COMPAGNIE D'ADELAIDE. (*Personnages muets.*)
JULIE, Suivante d'Adélaïde.
FUCOSI, Confident du Comte Henry.
FLORENTINO, Confident de César.
UN OFFICIER DES GARDES.
GARDES DU ROI.
SOLDATS DU COMTE HENRY.
GENS DE LA MAISON DU ROI.
VALETS DU GRAND-AMIRAL.

La scène est à Palerme.

Les costumes des Personnages, sont comme ceux que l'on portoit dans le onzième siècle, à la Cour d'Espagne, les jours de grandes cérémonies. César change trois fois d'habits; au premier, au deuxième, et au commencement du troisième Acte, habit de Cour; à la scène onzième, habit d'esclave Mahométan; à la fin du cinquième Acte, grand uniforme de Général. Le Roi, au quatrième Acte, est déguisé, enveloppé dans un manteau Espagnol; au cinquième Acte, même habit qu'aux Actes précédents.

ADELAÏDE DE PALERME.

ACTE PREMIER.

Le Théâtre représente l'appartement du Grand-Amiral.

SCÈNE PREMIÈRE.

LE COMTE, UN VALET.

LE COMTE.

LE Grand-Amiral m'a fait inviter à me rendre en ce lieu; auroit-il quelque chose de nouveau à m'apprendre? (*Au Valet.*) Sortez, et ayez soin de m'avertir aussitôt qu'il se présentera quelqu'un pour entrer dans cet appartement. (*Le Valet sort.*) Le Roi vient de mettre le comble à mon désespoir, en m'arrachant l'objet de mon amour et de mon ambition : il a déterminé le Grand-Amiral à consentir à l'hymen de sa fille avec un homme d'une naissance obscure !..... Tant qu'il m'est resté quelque espérance d'obtenir la main d'Adelaïde, j'ai su modérer mes transports; maintenant que tout espoir m'est ravi, je n'écoute plus que ma fureur et le besoin de la vengeance !...... Quoi ! César, ce rival que je déteste, sera préféré au Comte Henri !...... A moi ! qui par ma naissance et les dignités dont je suis revêtu, pourrois le disputer aux plus Grands du Royaume !..... Mon indignation est extrême, quand je me compare à un tel rival..... Le Roi seul est l'auteur des tourmens que j'endure; c'est sur cet ennemi puissant que j'assouvirai ma haine..... Déjà le rapt et l'incendie ne m'ont point effrayé, je médite de plus vastes projets..... La chûte du trône, et l'enlèvement d'Adelaïde, ne sont point de trop haut desseins pour venger mon outrage; ma résolution est prise, elle sera exécutée avec l'ardeur du désespoir..... Je saurai tout employer pour m'en garantir le succès...... Depuis assez long-temps mon oppresseur me persécute; qu'il sente lui-même le poids affreux de ma situation douloureuse..... Les moyens ne me manquent point..... L'Empereur de Naples instruit de mes disgraces, m'a fait rechercher; je n'ai point hésité à lui communiquer mon plan; il l'adopte, et compte sur moi pour le mettre en possession de la Sicile..... Guillaume en perdant le diadême, reconnoîtra celui qui le lui enlève, et son désespoir augmentera mon triomphe.

LE VALET.

Seigneur, le Grand-Amiral s'avance. (*Il sort.*)

SCÈNE II.

LE GRAND-AMIRAL, LE COMTE.

LE GRAND-AMIRAL.

J'AI besoin de vos conseils, Comte; c'est dans ce moment d'affliction que mon cœur réclame votre amitié.

Le Comte, (*à part.*)

Voici l'instant de tirer parti de son foible caractère. (*A l'Amiral.*) Depuis long-temps, Seigneur, je désire vous prouver combien je suis lié de cœur à votre illustre famille ; ordonnez..... Que puis-je faire pour vous convaincre de mon dévouement ?

Le Grand-Amiral.

M'aider à venger l'affront fait à ma famille..... Guillaume est l'incendiaire de mon Palais, et le ravisseur de ma fille..... (*Il lui prend la main.*) Si vous prenez part à mon injure, vous vous joindrez à moi pour punir cet outrage.

Le Comte.

Si j'y prends part, Seigneur ! votre famille m'est chère, et je ne dois pas hésiter un seul instant à exposer mes jours pour elle.

Le Grand-Amiral.

Adélaïde est l'objet de la passion de ce Prince coupable..... Cette nuit vient de nous dévoiler le crime ; mais je veux, le poignard à la main, laver mon opprobre dans le sang du tyran. Sans de prompts secours, il auroit dans sa fureur, réduit mon Palais en cendres..... A la faveur d'un masque qui couvroit ses traits hideux, il osa profiter du tumulte et de l'obscurité pour pénétrer dans cette enceinte, et arracher ma fille éplorée, des bras d'un père gémissant.

Le Comte.

Le cruel !..... Calmez vos transports, Seigneur ; je partage votre indignation, et brûle de servir votre vengeance.

Un Valet du Grand-Amiral.

Monseigneur, le Prince Valdina vous attend dans le salon. (*Il sort.*)

Le Grand-Amiral (*au Comte.*)

Ce sont des affaires de la plus grande importance..... Souffrez que je vous laisse. (*Il sort.*)

SCÈNE III.

LE COMTE seul. (*Il parcourt le Théâtre à pas lents, méditant et pensif.*)

Qui pourroit croire, qu'en courant à la vengeance, je balance entre la jalousie et mon devoir!..... Combien d'assauts et de combats n'ai-je pas encore à soutenir avant de voir la fin de cette grande entreprise?..... L'absence de Fucosi m'allarme..... Mais on vient..... C'est lui-même.

SCÈNE IV.

LE COMTE, FUCOSI.

LE COMTE.

Vous êtes bien peu exact, Fucosi!..... Pourquoi ne pas vous être rendu sur la place avec mes gens, à l'heure que je vous avois indiquée? Votre négligence a failli.....

FUCOSI.

Connoissez mieux mon zèle, Seigneur; et faites-moi la grace de m'entendre.

LE COMTE.

Parlez.

FUCOSI.

En vous quittant, Seigneur, je me rendis d'abord au rivage pour ordonner de votre part aux matelots de préparer la chaloupe; il me restoit à exécuter vos ordres au Palais, j'y cours; je fus très-surpris de voir en entrant, l'Envoyé de l'Empereur de Naples et Monsieur le Marquis de la Roque dans votre salon; ils me firent signe d'approcher; l'Envoyé me demanda si vous étiez absent? je lui répondis, que n'étant point prévenu sans doute de son arrivée, vous étiez allé chez le Duc Astolphe, et je me retirai par respect à l'écart; leur conversation devint alors très-animée, et quoiqu'ils eussent baissé la voix, j'entendis plusieurs fois le mot conspiration, et votre nom répété souvent; l'Envoyé me donna ensuite l'ordre de me rendre près de vous sur le champ, et de vous inviter de sa part, à venir au plutôt le trouver chez lui. Voilà, Seigneur, ce qui m'a empêché d'exécuter entiérement vos ordres.

LE COMTE, (*à part.*)

Enfin l'Empereur de Naples répond à mes vœux, et dans peu je serai satisfait. (*Haut à Fucosi.*) Fucosi! vous avez toute ma confiance; depuis long-temps vous êtes attaché à ma maison, et je n'ai qu'à me louer de votre conduite; votre fidélité m'est connue; votre sort dépend du secret que je vais vous confier, et du zèle que vous emploirez à mon service.

FUCOSI.

Tant de confiance m'honore, Seigneur.

LE COMTE.

Vous savez combien j'ai de justes raisons de me plaindre du Roi; l'Envoyé de Naples, et d'autres personnes distinguées sont prêts d'assurer ma vengeance; mais cela ne suffit point aux souffrances que j'endure, il faut qu'Adelaïde soit en mon pouvoir..... Et déjà cette nuit.....

FUCOSI.

Cette nuit dites-vous?

LE COMTE.

Oui, cette nuit, furieux de voir mon amour méprisé et mon rival au comble du bonheur, j'ai profité du moment où tout le monde se livroit à la joie, pour incendier le Palais du Grand-Amiral, et m'emparer de sa fille..... Saisi de ma proie, je m'élance vers la place, où dans l'obscurité j'apperçois quelqu'un que je prends pour vous. Déposer Adélaïde dans ses bras, et m'en retourner au lieu de l'embrasement, fut pour moi l'affaire d'un instant; jugez quelle dût-être ma surprise, quand j'appris que la personne à qui je l'avois confiée, étoit le Roi.

FUCOSI.

Le Roi!.....

LE COMTE.

Lui-même..... Je dois tout craindre s'il m'a reconnu !..... Cependant, afin de détourner adroitement les soupçons, j'ai fait circuler le bruit que le Monarque étoit l'auteur de l'enlèvement d'Adélaïde et de l'incendie du Palais..... Le Peuple trompé par ces faux rapports, ne balancera pas à le croire.

FUCOSI.

Je frémis Seigneur, du péril où vous vous êtes exposé, et je ne peux concevoir comment vous avez pu parvenir à vous emparer d'Adélaïde au milieu de ses parens et de ses amis !

LE COMTE.

César, et tous ceux qui se trouvoient capables de porter des secours, se rendirent au quartier incendié..... Je ne vis en entrant dans le salon, que l'Amiral, sa fille, et quelques personnes consternées, dont les efforts impuissans ne m'opposèrent qu'une foible résistance.

FUCOSI.

Mais ne craignez-vous point qu'elle ne vous dévoile à son père et à son époux ?

LE COMTE.

Ma passion, mon caractère et ma puissance, lui sont connus, la crainte la retiendra dans les bornes d'une prudence nécessaire à sa position.

FUCOSI.

Le respect que je vous dois, Seigneur, ne me permet aucune observation.

Le Comte.

Je vous autorise à me parler librement.

Fucosi.

Je crois que si Monseigneur se fut conformé aux lois de l'honneur et à l'usage, en déclarant son amour à Adelaïde, en méritant son cœur par de bons procédés, il eut obtenu sa main du Grand-Amiral.

Le Comte.

Je vous ai déjà dit qu'elle étoit instruite de mes sentimens. Je devois il est vrai compter sur le consentement de son père; ma famille, mon rang et ma fortune me donnoit le droit de prétendre à la main de sa fille, et à la préférence sur tous les Grands du Royaume; mais il n'est pas permis à la Noblesse Sicilienne de se marier sans l'approbation du Souverain. Et le Roi à qui j'en fis la demande, me répondit qu'elle étoit destinée à César pour prix de ses hauts faits.

Fucosi.

César ne seroit-il point aussi l'homme qu'Adelaïde avoit choisi pour époux?

Le Comte.

Le Roi seul l'a déterminée; et depuis que je me suis adressé à lui, elle fuit mon aspect.

Fucosi.

Elle a pu Seigneur, obéir aux ordres du Roi en vous évitant; mais gardez-vous de croire que sa conduite actuelle soit opposée aux sentimens que vous lui inspirez : une femme persécutée, trouve toujours les moyens de communiquer avec l'amant qui sait lui plaire; en vain la tyrannie s'efforce-t-elle de lui multiplier des obstacles, l'amour ingénieux protège ce sexe foible, et se plaît à le faire sortir triomphant des plus grands périls..... Oubliez-la, Seigneur, puisque vous ne pouvez régner sur son cœur!..... La Sicile ne vous offre-t-elle pas assez d'autres objets dont la jeunesse, la naissance, et les qualités éminentes, peuvent vous captiver? Faites un choix parmi ces jeunes beautés, et oubliez dans le sein du bonheur, jusqu'à l'existence d'Adélaïde, dont le souvenir pourroit vous être encore funeste.

LE COMTE.

Fucosi!..... J'excuse votre zèle, mais il pourroit vous égarer..... Retournez au Palais, attendez-y mes ordres; et souvenez-vous sur-tout d'être discret..... Allez.....
(*Fucosi sort.*)

SCÈNE V.

LE COMTE, JULIE.

LE COMTE.

C'EST toi Julie?..... Quel sujet t'amène?

JULIE.

Le repentir et la crainte; j'ai cédé à vos propositions, j'ai promis de servir vos desseins; mais tout ce que je vois, tout ce que j'entends, sert à me confondre.

LE COMTE.

Que dis-tu? D'où viennent tes allarmes?

JULIE.

Depuis les événemens de cette nuit, j'observe ma Maîtresse; et toutes les fois que l'on prononce votre nom, elle frémit. L'Amiral jure de tirer vengeance de l'outrage fait à sa famille. César, sombre, atterré de ses regards farouches son épouse timide, et semble lui imputer les maux qui vont succéder à ces affreux momens.

LE COMTE, *avec fierté et confiance.*

Si j'étois moins sûr de mon entreprise, je pourrois me livrer à la crainte!..... L'amour m'a fait tout oser est vrai, la jalousie a guidé mes pas..... Et qu'ai-je à me reprocher?..... Depuis assez long-temps j'ai gémi en silence..... Ta maîtresse eût fait mon bonheur, l'espoir de faire le sien m'auroit rendu son esclave peut-être..... (*A lui-même, avec force et parcourant le Théâtre.*) Mais aujourd'hui que tout me montre mon malheur, que je ne puis plus espérer que de traîner le reste de ma vie dans la souffrance ; je veux du moins que les auteurs de mes maux les partagent ; je veux encore !..... Malheureux !..... Je m'égare !..... (*Transition subite.*) Comment la cruauté peut-elle entrer dans un cœur brûlant d'amour?..... O passion funeste !..... Qui pourroit nombrer tes victimes !..... (*Se remettant et avec le plus grand calme.*) Et sur qui s'arrêtent les soupçons de ces événemens terribles ?

JULIE.

Les courtisans nomment le Roi, mais avec incertitude..... Je crains cependant qu'Adelaïde ne vous ait reconnu.

LE COMTE.

Rassure-toi, Julie !..... L'obscurité m'a dérobé à ses yeux. Mais quand il seroit vrai, tout doit l'engager à la prudence ; sa conduite passée l'a mise, sans qu'elle puisse s'en douter, dans la nécessité de trembler à chaque instant pour tout ce qui lui est cher ; elle ne pourroit même me signaler comme son ravisseur, sans se déclarer coupable..... Toute la Cour n'ignore pas qu'il a fallu un ordre du Roi pour lui faire recevoir les assiduités de César, et refuser les miennes. Notre union a été publiée par toutes les bouches de Palerme..... Accueilli de sa famille, je n'attendois plus que le consentement du Roi pour être son heureux époux..... Adelaïde le sait trop..... Et sa tranquillité sera le prix de son silence.

JULIE.

Je le désire, Seigneur..... Mais Madame m'honoroit de ses bontés, et je l'ai trahie ; vos bienfaits m'ont fait oublier mon devoir, rien ne peut me justifier à mes yeux.

LE COMTE *avec amertume.*

Julie, vous avez toute ma confiance; songez que la plus petite indiscrétion vous perdroit; je ne suis point surpris de vos remords, je sais les apprécier..... Mais il n'est plus temps de reculer; j'aurai les yeux par-tout : choisissez, de ma haine ou de mon amitié. Si l'amour et la jalousie ont pu m'égarer et troubler ma raison, tout ce qui m'environne doit trembler! Oui, malheur à qui oseroit me trahir!

JULIE *tremblante.*

Seigneur, prenez pitié de ma foiblesse!..... Je vous obéirai..... Croyez que mon zèle.....

LE COMTE *avec fierté.*

Il suffit..... J'oublie tout. Allez; redoublez d'efforts pour écarter tous les soupçons; et rendre Adelaïde favorable à mes vœux. Alors vous pouvez tout espérer de ma générosité. (*Julie sort.*)

SCÈNE VI.

LE COMTE *seul, accablé.*

LEs remords de cette femme m'ont troublé..... Funestes effets du crime!..... L'homme livré au délire des passions, oublie tout; rien n'est sacré pour lui..... J'adore Adelaïde! et toutes mes actions ne tendent qu'à faire son malheur. Amant sensible et respectueux, j'eusse pu, peut-être, espérer un adoucissement à mon sort!..... J'aurois du moins mérité sa pitié..... (*Avec force.*) Non, plus d'espoir; j'ai rompu tous les liens qui me permettoient d'y prétendre..... Suivons ma destinée; si l'ambition ne peut remplacer l'amour, qu'elle serve du moins à rendre tous les maux à ceux qui les ont accumulés sur ma tête. On vient, éloignons-nous. (*Il sort.*)

SCÈNE VII.

RENALDI, UN OFFICIER DES GARDES DU ROI.

RENALDI.

Quelle nuit, grand Dieu!..... Quel affreux passage, de la joie la plus vive à la douleur la plus amère!..... Qui pourra se persuader qu'un Souverain qui a su mériter pendant si long-temps l'amour de tout son peuple, se soit rendu, en un moment, le plus coupable des hommes!

L'OFFICIER.

Cela est impossible, on l'accuse injustement.

RENALDI.

Comme vous, j'aime à me le persuader; mais les clameurs publiques le nomment, et les apparences le condamnent.

L'OFFICIER.

J'en conviens; mais sa vie privée est au-dessus de tout éloge.

RENALDI.

Je sais que sa bonté égale sa sagesse.

L'OFFICIER.

Vous allez juger de la noblesse de ses sentimens, par la grandeur d'ame avec laquelle il s'est montré, lorsqu'il apprit que le feu s'étoit manifesté dans le Palais du Duc Astolphe..... La Reine et les premières Dames de la

Cour assistoient au festin donné par l'Amiral, à l'occasion de l'hymen de sa fille ; j'étois de service, et je savois que le Roi devoit honorer de sa présence cette brillante assemblée ; on vint me prévenir de l'incendie ; j'en fis part au Monarque, qui, escorté de ses gardes, se rendit aussitôt sur la place. Des tourbillons de flammes s'élevoient jusqu'aux nues, et des cris tumultueux se faisoient entendre de toutes parts. Le Roi, témoin de cet affreux spectacle, ne put retenir ses larmes.....
« Soldats, s'écria-t-il, volons au secours de ces infor-
» tunés, partageons les dangers qui les menacent, et
» affrontons courageusement la mort pour lui arracher
» ses victimes..... » Seigneur, lui dis-je, permettez-moi de vous représenter qu'un Souverain doit compte de ses jours à la nation qu'il gouverne, et qu'il ne lui est permis d'exposer sa vie que pour le salut de l'état.
« Conduisez, vous dis-je, ma garde vers le Palais
» embrasé. » Je voulus lui laisser une escorte. » Volez,
» s'écria-t-il : en conservant un de vous, j'aurois peut-
» être à me reprocher la mort de quelques-uns de mes
» sujets..... » Pénétrés de douleur et d'attendrissement, nous fûmes exécuter ses ordres.

RENALDI.

Je me perds dans mes réflexions, sans rencontrer aucune idée qui puisse me conduire à la pénétration de ce mystère.

L'OFFICIER.

Mais n'étiez vous point de cette illustre assemblée ?

RENALDI.

Le Grand-Amiral m'avoit fait l'honneur de m'inviter, et je me trouvois auprès de lui quand la frayeur que causa l'embrasement, fit pousser les premiers cris.....
Une consternation générale se répand dans tous les cœurs. Mais bientôt, au silence de la crainte, succède le tumulte et l'effroi. Les Dames épouvantées augmentent la confusion ; on veut se porter vers l'incendie, mais on se trouve pressé par la foule et repoussé dans

le salon; les efforts se multiplient, et ne servent qu'à redoubler le danger; les flammes menaçoient déjà le vestibule, lorsque des secours bien dirigés s'opposant au progrès de l'embrasement, ramènent le calme et la tranquillité; on commençoit à renaître, quand tout à coup plusieurs voix s'écrient, qu'un furieux vient de s'introduire dans les appartemens, s'est emparé d'Adelaïde et a disparu avec elle. A cet affreux récit, César, les yeux étincelans de rage, se met à la poursuite du ravisseur; nous suivons ses pas..... La Reine frappée d'étonnement se transporte sur la place, et le premier objet qui se présente à ses yeux, c'est le Roi, tenant Adelaïde dans ses bras.

L'OFFICIER.

Il est vrai que tout paroît déposer contre lui, mais vous connoissez la Cour, Renaldi; et vous savez comme moi que si le Monarque eût eu des prétentions sur la fille du Grand-Amiral, il eu pu se procurer facilement des émissaires pour éloigner l'objet de son amour; et César n'eût point recouvré son épouse.

RENALDI.

La présence de la Reine a pu déconcerter ses projets.

L'OFFICIER.

C'est en lui que réside le pouvoir suprême, et la Reine n'eut point trouvé de condescendance dans un cœur brûlant pour Adelaïde.

RENALDI.

Je sais que le soupçon même est coupable; mais croyez-vous que César, un héros, le sauveur de la patrie, laisse son épouse en proie aux horreurs de cette nuit terrible, sans chercher à connoître l'auteur d'un tel attentat! Sujet du Roi, ami de cette famille respectable, je n'ose me présenter la vérité; mon cœur la repousse, et ma sévérité l'accueille..... A qui peut tenir enfin ce grand et mystérieux secret?..... A l'épouse de César !

L'OFFICIER.

Peut-être !..... Mais vos présomptions fussent-elles

vrais !..... Voyez la position de cette épouse malheureuse !..... Hélas ! combien pourrions-nous compter de victimes innocentes, gémissant sous la plus odieuse tyrannie, préférer garder un secret, (dut-il même leur être funeste,) pour éviter des maux souvent plus grands encore !

Renaldi.

Adelaïde élevée dans les principes les plus purs, mérite une honorable exception ; loin de moi tout ce qui pourroit lui porter outrage..... Voyez cependant le Grand-Amiral..... Ce vieillard vénérable !..... Si vous aviez comme moi entendu ses sanglots..... Il gémissoit sur sa fille, sur son ravisseur..... Mais malgré toute sa tendresse, souvent il sembloit rejeter la faute sur son enfant..... Soit certitude ou foiblesse, la suite de ses idées le plongeoit dans la rêverie la plus profonde.

L'Officier.

J'ose à peine vous confier ce qui se passe en moi ; (non que je doute de votre loyauté,) mon esprit est sans cesse occupé du même objet. Je ne sais à qui ouvrir mon cœur, il brûle de s'épancher, et la crainte de compromettre quelqu'un me fait garder le silence.

Renaldi.

Si vous me croyez digne de votre confiance, parlez, vous n'avez rien à redouter.

L'Officier.

Attaché comme vous, au Roi, n'ayant d'autres désirs que de le lui prouver ; j'ai cherché à démêler le fil de cette affreuse intrigue..... J'ai rappelé à ma mémoire plusieurs événemens passés, et j'ai observé la conduite du Comte Henry. Vous savez qu'il fût promis à la fille de l'Amiral !.... Croyez-vous la plaie de son violent amour bien fermée ?..... L'avez-vous vu parmi les courtisans qui avoient l'honneur d'assister à cette fête ?..... Son devoir je l'avoue, le mettoit à la première place pour secourir le malheureux que menaçoit cet incendie..... Mais les mouvemens opposés de toutes les personnes qui lui sont attachées, me feroit croire que lui seul est coupable..... Vous le voyez, je vous ouvre mon ame toute entière..... Puissé-je avoir à me repentir de mes soupçons !..... Quelques soient les suites de cette entreprise, si la vertu triomphe, je n'aurai rien à désirer.

RENALDI.

En dessillant mes yeux, vous avez porté dans mon cœur un espoir consolant; comptez sur moi, vos craintes sont les miennes; depuis long-temps le Comte a cessé d'être, selon moi, digne de la confiance dont-il jouit; mais ce n'est qu'avec des preuves, et même les plus grands ménagemens, que l'on parviendra peut-être à le démasquer. Puisse le ciel favorable à mes vœux, sauver le Prince de toutes les affreuses calomnies répandues contre lui, et nous montrer l'égide tutélaire qui doit garantir sa personne sacrée. (*Ils sortent.*)

Fin du premier Acte.

ACTE II.

SCÈNE PREMIÈRE.

CÉSAR *seul*.

Suis-je assez malheureux !..... Cet hymen sur lequel je fondois tout mon bonheur, pouvoit-il m'être plus funeste !..... Adelaïde !..... Femme charmante, que j'idolâtre encore malgré ta perfidie ; pouvois-tu me traiter avec plus de cruauté ?..... Et toi Guillaume !..... Toi qui l'accordas à mes vœux pour prix de mes services..... Tu te réservois donc le plaisir barbare de percer ce cœur que tu disois chérir !..... Quelle pénible situation !..... La jalousie me dévore..... Tous ses tourmens me poussent à la vengeance !..... Et contre qui pourrois-je la diriger ? quand l'amour, le devoir et la reconnoissance m'enchaînent !..... (*Avec déchirement.*) Oh ! que les cœurs vertueux sont à plaindre !..... (*Il voit entrer Adelaïde.*) Adelaïde ! juste ciel !

SCÈNE II.

CÉSAR, ADELAIDE.

ADELAÏDE *avec la plus grande douceur*.

César !..... Qu'a donc fait votre épouse, pour que vous lui refusiez jusqu'à la douceur de vous ouvrir son cœur ?.....

cœur?..... Daignerez-vous enfin m'écouter?..... Depuis le funeste événement qui a failli rompre les nœuds qui nous unissent, vous fuyez ma présence..... Hélas! mon plus grand malheur seroit de vous déplaire..... Vous possédez toute ma tendresse, et je n'éprouve que votre indifférence..... Vous ne m'écoutez pas..... Eh quoi! vous dédaignez de lire au fond de mon ame. Ah! le ciel m'est témoin.....

CÉSAR.

N'achevez pas, Madame..... Gardez-vous de l'irriter par un blasphême..... Tôt ou tard il punit les parjures.

ADELAÏDE.

Le ciel que j'invoque, protège l'innocence; une injuste prévention vous égare, et nourrit vos soupçons; veuillez m'écouter, et connoissez mieux le cœur d'Adelaïde.

CÉSAR.

Que n'ai-je toujours ignoré qu'Adelaïde eût un cœur!

ADELAÏDE.

Votre inflexibilité m'outrage, César; vous m'accusez, et vous ne permettez point que je me justifie; vous me condamnez avant de m'avoir entendue.....

CÉSAR.

Et quelle seroit votre justification, Madame? Mes yeux m'auroient-ils trompés? Ne vous ai-je pas vue dans les bras du Roi? Pouvois-je douter de mon malheur? Hélas! que n'étoit-il en mon pouvoir de me le cacher à moi-même; mais le témoignage de la Reine peut-il être équivoque?.....

ADELAÏDE.

Vous oubliez que le Roi fut constamment votre bienfaiteur.

CÉSAR.

Mon bienfaiteur!..... En me deshonorant, il a cessé de mériter ce titre.

ADELAÏDE.

Le Roi n'est point coupable, ce n'est pas lui.....

CÉSAR.

Achevez..... Mon cœur brûle de vous croire innocente, mais il a besoin de s'en convaincre. Parlez.

ADELAÏDE.

Ce n'est pas lui, vous dis-je, qui m'arracha des bras de mon père : il me reçut seulement des mains de mon ravisseur.

CÉSAR.

En est-il moins l'auteur du crime, pour ne l'avoir point opéré ?

ADELAÏDE.

Il n'y eut aucune part.

CÉSAR *avec chaleur.*

Quel est donc le criminel ?.....

ADELAÏDE.

Je dois le taire ; je craindrois pour vos jours, si je vous le faisois connoître.

CÉSAR.

César peut-il vivre quand son honneur est flétri ?..... L'Epoux d'Adelaïde saura venger son opprobre ! nommez le ravisseur.

ADELAÏDE *hésitant.*

Je ne le puis, vous dis-je.

CÉSAR.

Craignez tout de ma fureur, si vous ne dévoilez le coupable. (*Il tire son poignard.*)

ADELAÏDE.

S'il faut à votre jalousie une victime innocente, frappez, ma vie est entre vos mains. (*Elle tombe évanouie.*)

CÉSAR *avec chaleur.*

Tu périras, femme coupable. (*Il lève le poignard pour en frapper Adelaïde, et il s'arrête en la voyant évanouie.*) Malheureux ! où t'emporte un aveugle transport..... J'allois immoler mon épouse !..... Adelaïde eût-elle trahi ses sermens, as-tu le droit, César, de la sacrifier à ta rage homicide! O délire des passions!..... Grand Dieu! sauvez-moi de mon désespoir!..... (*Il va à elle pour la secourir.*)

ADELAÏDE *se jetant dans ses bras.*

César!..... M'avez-vous pardonné?

CÉSAR.

Cruelle!..... Oubliez-vous encore votre devoir?

ADELAÏDE.

Si mon sang peut vous suffire, il est prêt à couler..... Mais exposer mon époux, c'est un effort dont mon cœur ne se sent pas capable.

CÉSAR *au comble de la fureur.*

Vous vous obstinez donc!..... J'apperçois le Ministre..... Laissez-nous, Madame.

ADELAÏDE.

Seigneur. (*César lui fait signe de s'éloigner.*) (*A part en sortant.*) Le traître pourroit..... Veillons sur les jours de mon époux..... Le scélérat, malgré ses artifices, ne pourra échapper à la punition due à ses forfaits. (*Elle sort.*)

SCÈNE III.

LE COMTE, CÉSAR.

LE COMTE.

Vous paroissez agité! qu'avez-vous mon ami?

CÉSAR.

Ne parlons pas des maux qui m'accablent! Quel motif vous amène en ces lieux?

LE COMTE.

Je viens vous communiquer un ordre du Roi.

CÉSAR.

Un ordre du Roi!

Le Comte.

Oui, et je le crois de la plus grande importance. Si j'ajoute foi à mes pressentimens, l'honneur vous appelle de nouveau en Sardaigne.

César.

J'oublie ce qui m'est personnel, pour ne m'occuper que du salut de l'état : dites au Souverain que je vole recevoir ses ordres.

Le Comte.

Non ; il veut au contraire que vous l'attendiez en ces lieux ; il va bientôt s'y rendre, pour vous instruire de ses intentions.

César.

Le Roi, se rendre ici !..... Oublie-t-il ce qu'il doit à sa dignité ?.....

Le Comte.

Les circonstances exigent la plus grande célérité, je viens de donner des ordres, afin que rien ne retarde votre départ, et que sous peu d'heures votre vaisseau puisse mettre à la voile.

César.

Une heure me suffira, et je reviens prouver à mon Souverain, qu'il n'a pas de sujet plus dévoué que César. (*Il sort.*)

SCENE IV.

LE COMTE, LE GRAND-AMIRAL.

L'Amiral *entrant du côté opposé à la sortie de César.*

Plus j'y réfléchis, Comte, et moins je puis me persuader que le Roi ait pu commettre un si grand crime !

n'eut-il pas pu soustraire Adelaïde à tous les regards ?

LE COMTE.

Peut-être attendoit-il quelqu'un de ses gens, pour l'aider à consommer son projet......

LE GRAND-AMIRAL.

Je le croyois Souverain sage et bienfaisant, et si je n'avois été moi-même témoin de l'enlévement de ma fille, je le croirois encore ; je compte sur votre zèle ; l'injure faite à ma famille, ne peut rester impunie.

LE COMTE *regardant du côté de la porte.*

Je tiendrai parole ; il y a long-temps que je me suis apperçu de ses démarches perfides. La Sicile mérite un sort plus doux ; elle ne peut rester davantage sous la domination de cet oppresseur.

LE GRAND-AMIRAL *occupé de son objet.*

Il a deshonoré ma maison, en portant sur ma fille une main criminelle.

LE COMTE *regardant vers la porte.*

Je vais répandre des secrets dans votre sein, qui vous prouveront l'ardent désir que j'ai de vous venger. Apprenez donc que diverses circonstances m'ont forcé d'entrer en correspondance avec l'Ambassadeur de Naples ; plusieurs Grands de Palerme, indignés de voir l'état si mal gouverné, se sont joints à moi pour faire passer la couronne sur la tête de l'Empereur Frédéric ; en vous quittant, je me suis rendu au Palais de l'Ambassadeur, après m'être entretenu avec lui sur des affaires importantes de notre gouvernement, je lui ai révélé tout ce qui s'est passé, ainsi que l'attentat dont le Roi s'étoit rendu coupable envers votre fille ; il en a frémi d'horreur ; il m'a chargé de vous inviter de sa part, à vous rendre près de lui.

LE GRAND-AMIRAL.

Quoi ! vous me proposez de voir l'Ambassadeur de Naples, le Député d'une puissance ennemie ! Moi, j'irois intéresser dans ma vengeance une nation rivale, et j'attirerois ses armées dans ma patrie : l'outrage que j'ai reçu est grand sans doute ; mais faut-il renverser un état et plonger un peuple dans les maux qui accompagnent toujours les guerres civiles, parce que le Prince est l'auteur d'un crime qui n'outrage que nous ? Vous parlez de liaisons et d'entrevues secrètes que vous avez eues avec l'Ambassadeur de l'Empereur de Naples, et que votre but est de renverser le trône ; j'abhorre le ravisseur, mais il est mon Roi ; mais ma patrie m'est aussi chère que ma famille ; vos desseins me seront toujours étrangers, je ne me prêterai jamais à leurs exécutions. J'aime mon pays ; et le peuple ni l'état, ne peuvent ni ne doivent souffrir des fautes personnelles. Si le Souverain et les Magistrats abusent du pouvoir dont-ils sont revêtus, les lois seules doivent sévir contre ceux qui osent les enfreindre.

LE COMTE.

Ainsi, tout ce que m'a fait tenter pour vous mon aveugle amitié, va se trouver anéanti, sous le prétexte frivole d'une intégrité que je ne puis absolument blâmer, mais qui devroit se taire devant le deshonneur répandu sur votre famille ; peut-être doutez-vous de ma foi : l'homme peu confiant est souvent victime de son caractère ; ne craignez pas de répandre vos secrets dans mon sein ; évitez les maux auxquels vous vous exposeriez, car ma chute entraîneroit la vôtre ; le crime est dans la foiblesse, et non dans l'exécution.

LE GRAND-AMIRAL.

Le crime le plus grand, est d'être traître à sa patrie ; je n'ai jamais trempé dans aucune conspiration ; et l'homme qui n'a rien à se reprocher, ne doit redouter personne.

LE COMTE.

Il est vrai ; mais toute la Noblesse de Palerme connoît la cause de vos chagrins ; vos plaintes amères ont pénétré les ames sensibles ; et aux yeux de la Ligue que j'avois intéressée en votre faveur, par l'assurance que vous feriez cause commune, vous devenez suspect! Qui comme moi ne se seroit pas trompé sur vos sentimens? Votre vengeance ne pouvoit avoir d'autres motifs que la chute du tyran, ou sa mort! Alors tout m'est devenu possible pour punir l'oppresseur d'une famille respectable : la honte ou l'échafaud, voilà donc ma récompense, Seigneur! Je vais chez l'Envoyé lui faire part de vos refus; songez que votre conduite sera peut-être la cause des plus grands malheurs.

LE GRAND-AMIRAL.

Ma conduite est celle d'un homme de bien.

LE COMTE.

Je ne vous ferai point de plus longues observations; mais dans cette circonstance, un sentiment pénible accable mon cœur, et je me crois en droit de me plaindre à celui qui en est l'auteur.

LE GRAND-AMIRAL.

Moi!...... Expliquez-vous.

LE COMTE.

Oui, c'est pour vous seul que j'ai avancé le moment de la vengeance; le Roi s'est livré aux excès les plus scandaleux, et j'aurois vu d'un œil sec, nos droits méconnus, notre tranquillité troublée!..... Non, Seigneur; en ma qualité d'homme d'état, je dois défendre de tout mon pouvoir, mes amis et mes concitoyens..... Et malgré votre foiblesse..... Pardonnez, Seigneur; mais mon cœur est si indigné contre ce Prince criminel, qu'il s'oublie peut-être en ce moment.

LE GRAND-AMIRAL *troublé*.

Honneur! Patrie! Devoirs sacrés que je révère! Voulez-vous rendre la fin de ma carrière plus douloureuse encore que ma situation?.....

LE COMTE.

Vous frémissez, Seigneur.

LE GRAND-AMIRAL.

Oui, l'homme d'honneur tremble toujours à l'approche du crime.

Le Comte.

A-t-on tremblé pour vous faire le plus sensible outrage ? Étoit-ce-là la récompense que l'on devoit aux travaux nombreux qui ont illustré votre vie ? La Sicile aura seule apprécié vos hauts faits, tandis que son Roi les sacrifie à un amour criminel.

Le Grand-Amiral.

J'ai combattu, il est vrai, pour la défense de ma patrie, je lui devois mon sang ; ma première récompense étoit dans mon cœur. L'ingratitude du Prince m'afflige sans doute ; mais dois-je en oubliant mes principes, être le premier à détruire mon ouvrage, et devenir traître à mon pays ?

Le Comte.

On n'est point traître, quand il s'agit d'améliorer le sort d'un peuple, et de punir un oppresseur redoutable.

Le Grand-Amiral.

Comte, je suis le premier outragé, et le premier qui doit désirer la vengeance ; mais que l'homme sensible souffre, lorsqu'il songe que l'innocent est souvent frappé avant le coupable !..... Si la vie des citoyens peut n'être pas exposée..... L'honneur de ma famille l'emporte, et la Ligue trouvera en moi un de ses plus fermes appuis.

Le Comte.

De si grands sentimens sont bien dignes de vous. Il est temps enfin que la Sicile s'élève au degré de splendeur où elle peut justement prétendre. Le peuple toujours incertain de ses destinées, deviendroit bientôt la proie des Nations voisines ; un Souverain puissant va régénérer sa gloire ; et votre crédit, le respect, la confiance que vous inspirez, vous feront réussir dans toutes vos entreprises. Pour moi, Seigneur, je vous consacrerai toujours mon zèle et mon dévouement.

Le Grand-Amiral.

L'homme dévoué à son pays, a peine à se déterminer à exécuter de semblables desseins ; mais je cède à vos raisons ;

raisons; je prendrai part à vos travaux, en me rendant utile au nouveau Souverain. Je vais voir, César; son offense est la nôtre; la cause générale est aussi la sienne.

LE COMTE.

Souffrez que je n'approuve pas cette démarche; malgré l'injustice du Roi, César l'aime encore.

LE GRAND-AMIRAL.

Croyez-vous ma fille infidèle?

LE COMTE.

Non; mais la présence de son époux, nuiroit à nos projets, et pourroit en retarder l'exécution. J'ai trouvé le moyen de l'éloigner de Palerme, en supposant des lettres au Roi; le Monarque ne tardera pas à paroître en ces lieux, pour donner l'ordre à César, de partir pour la Sardaigne, et y prendre le commandement de l'armée. Son éloignement n'est que momentané; j'ai même cru rendre un grand service à Adélaïde, en faisant partir son époux, afin de ne pas exposer les jours d'un héros si cher à la patrie. Celui qui doit tout au Prince et à la gloire des armes, est à redouter dans de pareilles circonstances. L'Empereur est juste, il sait apprécier le mérite du guerrier; et quand tout sera calmé, César pourra revenir au sein de sa famille, et partager notre bonheur.

LE GRAND-AMIRAL.

Je m'en rapporte à votre prudence. Il faut que le crime soit puni; mais je vous en conjure, veillons aux intérêts du peuple! Que nos lauriers ne se changent point en cyprès! En courant à la vengeance, n'oublions pas notre patrie. (*Ils sortent.*)

Fin du second Acte.

ACTE III.

SCÈNE PREMIÈRE.

LE ROI, CÉSAR, GARDES.
(*Le Roi fait signe à l'Officier de faire sortir les Gardes; il reste seul avec César.*)

LE ROI.

César, des affaires pressantes m'ont amené en ce lieu; le moindre retard, comme la plus petite indiscrétion, compromettroit mon autorité; j'ai voulu vous parler sans témoin. La Sardaigne vient d'être envahie.

CÉSAR.

Le Ministre, en me disant d'attendre vos ordres, m'a laissé entrevoir que mes services vous seroient utiles.

LE ROI.

Oui, César, des dépêches m'apprennent que les Turcs ont fait un débarquement considérable; je sais par une autre voie, que l'Empereur de Naples fait des préparatifs hostiles, et qu'il est l'auteur de tous les troubles suscités parmi mes peuples. Oui, les agents de ce Monarque, conspirent en Sicile, et veulent y semer la guerre civile, en jetant au milieu des citoyens paisibles, les flambeaux de la discorde.

CÉSAR.

Et vous ignorez, Seigneur, la source de tant de maux?

LE ROI.

Eh! qui auroit pu s'attendre à des nouvelles aussi

allarmantes ? Quelqu'effort que fasse un Souverain pour conserver à ses peuples la paix et le bonheur qui la suit, il ne peut se flatter de réussir, s'il n'allie aux vertus pacifiques, un courage décidé pour la guerre, quand elle est inévitable. C'est avec peine que je vois ce fléau prêt à s'appesantir sur mes sujets ; mais qu'ils ne m'accusent pas de l'avoir provoqué par l'ambition d'une vaine gloire ; qu'ils se reprochent plutôt eux-mêmes de se laisser entraîner à des suggestions perfides et étrangères ; Frédéric a des agents parmi les factieux, et quelques mécontens qu'ils ont séduits, sont excités à la révolte ; je sais que ce Monarque ose prétendre à ma couronne ; César, sa destinée est entre vos mains ; je compte sur votre valeur, et celle de mes armées ; c'est de vous que va dépendre le repos des Siciliens.

CÉSAR.

Je suis prêt, Seigneur, à voler à la défense de l'état ; le devoir d'un guerrier est de verser son sang pour soutenir les droits de son Souverain. Je vais remplir vos vœux. L'ennemi m'attend ; c'est en renversant ses légions, que j'affermirai votre couronne, et que je trouverai, peut-être, un repos qui m'est si nécessaire.

LE ROI.

Allez, brave guerrier ; j'ose espérer que la victoire sera le prix de votre courage, et que la patrie vous devra son bonheur. (*Il sort, César le reconduit.*)

SCÈNE II.

CÉSAR seul.

ALLONS, César ; voici l'instant pénible. Quoi ! faut-il que mes soupçons s'arrêtent sur mon Roi ? Seroit-il possible qu'il portât à ce point la dissimulation et la perfidie !...... Combattu par l'amitié, dévoré par la jalousie..... Tous les tourmens sont dans mon cœur..... O toi ! qui juge et apprécie les mortels, soutiens mon courage, que je donne à mon pays mes derniers soins, et je t'abandonne le reste de ma vie.

SCÈNE III.

CÉSAR, FLORENTINO.

FLORENTINO *apportant une lettre.*

SEIGNEUR, on vient d'apporter à l'instant cette dépêche.

CÉSAR *prenant le paquet, le décachette, et lit la signature.*

C'est du Général Charles, mon frère..... Elle est datée de Cagliari, en Sardaigne, et il n'y a que deux jours. Voyons ce qu'elle contient. (*Il lit bas.*) (*Haut.*) Il pouvoit se dispenser de me faire tant de félicitations. Ah ! s'il connoissoit tous les tourmens que j'endure !..... (*Il porte encore les yeux sur la lettre.*) Que vois-je ?..... Se pourroit-il ?.....

(*Il lit haut.*)

« Le peuple de cette Isle, profite des bienfaits du
» Gouvernement; il est tranquille, laborieux, et sou-
» mis aux lois ; le climat n'influe pas sur la santé du
» soldat ; il est paisible, et jouit du repos qu'il a
» acquis par ses travaux. Adieu. «

CHARLES.

Le voilà donc connu, ce secret que je redoutois; mes soupçons étoient justes, et c'est dans une circonstance aussi pénible pour mon cœur, que le Roi m'ordonne de partir !..... Eh quoi ! tant de détours dans une ame qui me paroissoit si pure ! Hélas, si la loyauté s'exile du cœur des Rois, qui devroit être son temple, à qui se fier désormais ? Allons, je partirai ; mais pour revenir bientôt percer ce ténébreux mystère. Je connoîtrai les auteurs de la trame odieuse, ourdie contre mon honneur. Je saurai si Adelaïde est leur complice, et malheur à tous ceux qui m'auront outragé..... J'entends quelqu'un ! C'est le Comte, évitons-le. (*Il sort avec précaution.*)

SCÈNE IV.

LE COMTE *seul.*

Connoître, prévoir, et dissimuler ; voilà ce qu'il faut pour fasciner les yeux du peuple et ceux des Grands ; tous les conjurés ignorent mon amour, et une grande partie de mes desseins ; mais il me faut encore d'autres moyens pour parvenir à mon but, assurer le succès de mon entreprise, et cacher avec art, tous mes projets. Je ne puis cependant éloigner les inquiétudes cruelles qui m'accablent..... Adelaïde, je ne le vois que trop, méprise ma flamme ; mais elle ne voit pas dans quel abyme peut la précipiter mon amour dédaigné ; la jalousie consume ce cœur offensé, et le désespoir me rend capable de tout entreprendre. Cette nuit, je m'introduis dans son appartement ; je la fais conduire dans un lieu sûr, où l'on ignorera sa captivité. Un seul jour verra tout à-la-fois mes vœux comblés, et l'exécution des projets de la Ligue.

SCÈNE V.

LE COMTE, JULIE.

JULIE.

Seigneur, mes soupçons n'étoient que trop fondés, lorsque je vous ai dit, que je croyois que Madame vous avoit reconnu. En apprenant le départ précipité de son époux, elle s'est évanouie; et lorsqu'elle a repris ses sens, elle a prononcé ces mots : Barbare Comte ! Encore un nouveau crime !..... Elle a plusieurs fois demandé son père, et souvent elle l'appeloit à son secours.

LE COMTE, (*à part, et troublé.*)

Qu'entends-je !..... Son père !..... Elle oseroit lui dire..... Je saurai prévenir cette entrevue. (*Haut.*) Il faut redoubler de zèle et de précaution, Julie. Ne craignez rien des événemens; quelqu'en soit le résultat, je saurai vous mettre à couvert de tous dangers.

JULIE.

Je ne vous cache pas que je crains.....

LE COMTE.

Rassurez-vous, à minuit, attendez-moi à la porte du jardin de l'Amiral. Vous m'introduirez dans les appartemens, et je me charge de déterminer Adelaïde à me suivre. Cependant, au premier bruit que vous entendrez, accourez auprès d'elle, et ne la quittez plus.

JULIE.

Je vais rendre cette lettre au Prince de Valdina, et je retourne auprès de ma Maîtresse, pour ôter tous soupçons.

LE COMTE *regardant la lettre.*

Elle est pour le Roi..... Donnez-la moi, je me charge

de la faire remettre. Allez, ne parlez de rien; et soyez à l'heure précise à la porte du jardin.

JULIE.

Comptez sur ma discrétion, et sur tous mes soins. (*Elle sort.*)

SCÈNE VI.

LE COMTE *seul.*

Voyons ce qu'elle écrit au Roi.
(*Il lit haut.*)
« Seigneur, j'ai besoin de vous entretenir en secret,
» sur des choses que je n'ose confier au papier; indi-
» quez-moi, je vous supplie, le moyen que je pourrois
» employer pour avoir l'honneur de vous parler un
» instant. «   ADELAÏDE.
(*Il dit.*)
Un entretien secret! Je mettrai fin à cette correspondance.

SCÈNE VII.

LE GRAND-AMIRAL, LE COMTE.

LE GRAND-AMIRAL.

JE viens de voir sortir la confidente de ma fille, elle paroissoit troublée!

LE COMTE.

Oui, Seigneur; elle est entrée ici en pleurant. Je lui

ai demandé le sujet de ses allarmes, dont elle cherchoit à me faire un mystère; mais après quelques instances, elle m'a dit, que sa Maîtresse avoit été dans le délire pendant quelques momens. Je pense qu'il est essentiel que vous lui cachiez nos résolutions; car si elle en avoit connoissance, son état pourroit la porter à la dévoiler. Plusieurs de mes affidés m'ont informé qu'ils avoient apperçu du haut de la Tour, l'escadre de l'Empereur de Naples, qui conduit l'armée à notre secours. Le vent est favorable, et elle ne peut tarder à entrer dans le port. En attendant, nous nous assemblerons pour prêter le serment de fidélité au nouveau Souverain. J'ai reçu des lettres de ce Monarque, par lesquelles il promet des récompenses à tous ceux qui s'en sont rendus dignes. Il me nomme Vice-Roi de la Sicile; mais je refuse cette dignité, et j'écris à l'instant à l'Empereur, pour qu'il daigne vous élever à ce rang distingué. Croyez que je ferai tout pour un homme qui m'est si cher, pour un véritable ami.

LE GRAND-AMIRAL.

Je ne puis vous exprimer combien je suis reconnoissant, sensible à votre générosité, et à l'honneur dont vous me comblez; mais mon grand âge me rend incapable de remplir tous les devoirs d'un Vice-Roi. L'Empereur vous a nommé, il ne pouvoit mieux choisir; car personne plus que vous, n'est capable de rendre un peuple heureux. Je suis votre ami, ce titre est cher à mon cœur, et je tâcherai d'en être toujours digne.

LE COMTE.

Je ne pouvois mieux vous prouver mon amitié, qu'en vous faisant cette proposition. J'eusse même été très-flatté si vous l'eussiez acceptée; j'ai donné les ordres nécessaires pour éloigner tous ceux qui pourroient mettre obstacle à nos desseins. La Garde du Palais doit-être relevée par des soldats qui me sont dévoués; on s'emparera du Roi; nous le ferons éloigner de la capitale, et l'on prononcera sur son sort.

LE GRAND-AMIRAL.

Il est coupable, et l'on n'en peut douter, Comte; mais notre entreprise est bien périlleuse.

LE COMTE.

La réussite en est assurée; du courage et de la fermeté..... N'oubliez pas de vous rendre chez l'Envoyé de Naples.

SCÈNE VIII.

ADELAIDE, LE GRAND-AMIRAL, LE COMTE.

ADELAÏDE *dans le plus grand désordre.*

Mon père!..... (*Elle voit le Comte, et dit à part.*) Quoi! Le traître en ces lieux?

LE GRAND-AMIRAL.

Approchez, ma fille; je suis avec un fidèle ami.

ADELAÏDE.

Un fidèle ami, lui!..... Apprenez.....

(*Le Comte porte vivement la main à son poignard, et désigne par un geste terrible, l'Amiral à Adélaïde.*)

LE GRAND-AMIRAL, (*sévérement.*)

Adelaïde! Que signifie?.....

LE COMTE, (*à l'Amiral, à part.*)

Son esprit est troublé; peut-être a-t-elle quelques indices sur la conspiration..... L'Envoyé de Naples vous attend; laissez-moi seul avec elle. (*L'Amiral sort, le Comte le reconduit.*)

ADELAÏDE, (*à part.*)

Ce monstre ose reparoître ici! Ignore-t-il que sa présence m'est odieuse?

LE COMTE.

Pardonnerez-vous, Madame, à la vivacité de mon

amour, les chagrins que je vous cause malgré moi. J'ai vainement cherché à combattre, à éteindre même la flamme que vous aviez allumé dans mon cœur; ne ferez-vous jamais cesser mes peines cruelles, et refuserez-vous un regard favorable à un malheureux amant?

ADELAÏDE.

Un malheureux amant!...... Éloigne-toi de ces lieux, traître; ils sont souillés par ta présence. Celui qui m'a arraché à ma famille, à l'instant de la célébration de mon hymen; qui a rompu les liens sacrés de mon union, et qui fait mon malheur pour tout le reste de ma vie, sans lui avoir donné aucun espoir, ne peut être qu'un monstre à mes yeux. Retire-toi.....

LE COMTE.

Dans peu vous me connoîtrez, Madame; et ces cruels dédains.....

ADELAÏDE.

Jamais je n'écouterai rien d'un homme qui s'est souillé de crimes. Fuis, tu me fais horreur; et ta présence me fait frémir.

LE COMTE.

Femme cruelle! Vous repoussez mes hommages; mais tremblez! Je saurai prévenir les effets de votre haine; tout ce qui vous est cher me répondra de votre silence. (*A part.*) Allons, portons lui les derniers coups. (*Il sort.*)

SCÈNE IX.

ADELAÏDE *seule.*

GRAND Dieu! A qui puis-je avoir recours dans ces momens affreux? Tout le monde m'abandonne! Comment me garantir des pièges de ce monstre? fut-il jamais femme aussi à plaindre?

SCÈNE X.

ADELAIDE, FLORENTINO.

FLORENTINO.

Madame, deux soldats viennent d'amener un esclave qui désire vous parler.

ADELAÏDE.

Un esclave !

FLORENTINO.

Oui, Madame ; et il se dit porteur d'une lettre du Général, votre époux.

ADELAÏDE, (*avec surprise.*)

Une lettre de César ! Ah ! qu'ils paroissent.

SCÈNE XI.

CÉSAR, ADELAIDE, FLORENTINO, DEUX SOLDATS.

(*César, sous le nom d'Achmet, en habit d'esclave à la Mahométane, ayant la barbe longue, le teint foncé, une main enchaînée ; il salue Adelaïde, en portant les deux mains sur sa poitrine. Adelaïde, quoique prévenue, paroît surprise, et les observe avec crainte.*)

CÉSAR, (*à part.*)

Voilà celle que j'adorois !..... Celle qui m'a trahi !....

ADELAÏDE, (*au Soldat.*)

Savez-vous quel est cet esclave ?

LE SOLDAT.

Madame ; c'est un homme qui par ses exploits fameux, a mérité l'admiration et l'estime du Général Charles. Il vous l'envoie comme un présent digne de vous, et de votre auguste époux. Au moment où nous entrions dans le port, nous avons été rencontré par le vaisseau qui conduit le Généralissime en Sardaigne. Votre époux s'est entretenu un instant avec l'esclave ; et il l'a chargé de vous remettre une lettre de sa part.

ADELAÏDE, *douloureusement.*

Et vous l'avez vu partir ?

LE SOLDAT.

Oui, Madame, nous venons de voir le vaisseau prendre le large, et s'éloigner.

ADELAÏDE, *avec attendrissement.*

Je ne le verrai donc plus. (*A Achmet.*) Approchez, mon ami ; quel est votre nom ?

CÉSAR *baissant la téte.*

Madame, je me nomme Achmet.

ADELAÏDE.

Mon époux vous a remis une lettre pour moi.

CÉSAR.

Oui, Madame, la voici. (*Il présente la lettre à Adelaïde, qui la prend et la baise avec transport.*) (*César qui a suivi tous ses mouvemens, dit à part.*) Grand Dieu ! seroit-elle restée fidèle ?

ADELAÏDE, *lit haut.*

« Madame, un jour qui devoit me rendre le plus
» heureux des hommes, s'est changé en un jour de
» deuil et de tristesse. « (*S'interrompant.*) Ah ! s'il connoissoit tous mes maux. (*Elle continue.*)
» J'ai dû être justement indigné d'un attentat auquel
» j'espère, vous n'avez point eu part ; c'est au fond de
» votre cœur que réside ce mystère..... « (*S'interrompant.*) Je suis encore victime de sa jalousie ! (*Elle continue.*)

« J'ai dû sacrifier cet éclaircissement à mon devoir ;
» mais cette incertitude cruelle, ne peut cependant em-
» pêcher mon cœur de vous chérir. « (*Elle s'inter-*
rompt, et dit avec ame.) Ah ! tu ne saurois m'aimer
autant que je t'adore !

CÉSAR, (*à part.*)

Elle est innocente !

ADELAÏDE *continue de lire.*

« Je compte être bientôt de retour, et recueillir de
» votre bouche, une explication si nécessaire à mon
» repos. Ordonnez que l'esclave porteur de ma lettre,
» soit traité avec les égards que l'on doit à la bravoure
» et au malheur. Adieu. «

CÉSAR.

(*Après avoir lu.*)

Hélas ! il doute de ma fidélité, lorsque je ne respire
que pour lui ! (*Elle regarde Achmet.*) Vous paroissez
triste, Achmet ?

CÉSAR.

Madame ! l'homme dans l'esclavage est bien à plaindre !

ADELAÏDE.

Rassurez-vous, j'aurai soin d'adoucir votre sort.
(*aux Soldats.*) Qu'on lui ôte ses chaînes, et qu'il soit libre.

CÉSAR.

Je suis esclave pour mon honneur, Madame ; vous
me rendez libre, comptez sur mon zèle et ma fidélité.

ADELAÏDE, (*aux Soldats.*)

Retirez-vous. Demeurez Achmet. (*Florentino et les
Soldats sortent.*) Vous avez parlé avec César ; ne me
cachez rien : Que vous a-t-il dit de moi ?

CÉSAR.

Il m'a recommandé de vous servir avec fidélité.

ADELAÏDE.

Vous a-t-il paru satisfait ?

CÉSAR.

Non, Madame ; il sembloit être profondément affligé.
Je l'ai vu même répandre des larmes, lorsqu'il pronon-
çoit votre nom.

ADELAÏDE, (*comme à part.*)

Mon nom! Ah! trop cruel époux! tu ignores toutes mes souffrances, et que mon amour pour toi me fait gémir sous les persécutions d'un traître redoutable.

CÉSAR.

Qu'entends-je ?..... Amour !..... Jalousie !.....

SCÈNE XII.

ADELAIDE, CÉSAR, LE GRAND-AMIRAL, GARDES.

LE GRAND-AMIRAL à *Adelaïde.*

LA Reine désire avoir un entretien avec vous. Je lui ai dit que j'allois vous annoncer son arrivée.

ADELAÏDE (*surprise.*)

La Reine désire avoir un entretien avec moi !

LE GRAND-AMIRAL.

Mais quel est cet esclave ?

ADELAÏDE.

C'est le porteur de la lettre que je viens de recevoir de César. La voici, mon père. (*Elle lui donne.*)

LE GRAND-AMIRAL *après avoir lu.*

Elle doit vous faire oublier toutes vos peines. (*A Achmet.*) Approche. Quel est ton nom, ta profession, et ton pays?

CÉSAR.

Je m'appelle Achmet; l'Éthiopie est ma patrie; je commandois un bâtiment armé en course, lorsque je fus forcé de me rendre à vos soldats. J'ai su me faire redouter dans les combats; mais l'honneur et l'humanité ont toujours été ma suprême loi. Ayant échoué sur la côte, je me suis trouvé assailli de toutes parts.

Après avoir vu tomber près de moi tous mes malheureux compagnons, j'ai jeté mes armes; et c'est ainsi que je suis devenu votre esclave, Seigneur.

LE GRAND-AMIRAL.

Le malheur eut toujours des droits à ma générosité; l'éloge que César fait de ta personne, m'inspire le plus grand intérêt; sois fidèle et j'aurai soin d'adoucir tes peines. (*Le Grand-Amiral sort; Achmet et les Gardes l'accompagnent.*)

SCÈNE XIII.

ADELAIDE, JULIE.

ADELAÏDE *à Julie.*

JE n'ai point de réponse à la lettre, que je vous avois chargé de porter au Prince de Valdina. D'où peut venir ce silence?

JULIE.

Madame, je n'ai pu lui parler; mais j'ai donné votre lettre à un de ses Officiers.

ADELAÏDE.

Sans doute qu'elle n'a pas été remise. Laissez-moi. (*Julie sort.*)

SCÈNE XIV.

ADELAIDE *seule.*

JE crains que ma lettre ne soit pas parvenue au Roi.

Serois-je dans mon malheur, trahie par tout ce qui m'environne? Cette situation est trop affreuse, je cours me jeter aux pieds du Monarque, lui déclarer mes soupçons, lui peindre les tourmens que j'éprouve. Je le dois à mon époux, à mon père; la nature et l'amour soutiendront mon courage. Allons. Que dis-je? Ah! pourrai-je l'approcher.....

SCÈNE XV.

ADELAIDE, JULIE.

JULIE.

Madame, la Reine entre à l'instant au Palais.

SCÈNE XVI.

LES ACTEURS PRÉCÉDENTS, LA REINE ET SA SUITE.

(La Reine s'avance sur la scène, avec Adelaïde, qui se prosterne à ses pieds; la Reine la relève avec bonté. Deux Officiers apportent un fauteuil à la Reine; Adelaïde est à sa droite, et les Dames d'honneur à sa gauche, un peu en arrière. Les Officiers et les Gardes garnissent le fond et les côtés.)

LA REINE.

Je vous ai fait dire par votre père, que j'avois à m'entretenir avec vous.   ADELAÏDE.

ADELAÏDE.

Madame, mon père m'a annoncé cet honneur ; à quoi puis-je devoir tant de bonté ?

LA REINE.

Cet entretien que j'ai désiré, doit jeter une lueur éclatante sur vos vertus, Madame. Les soupçons planent sur la tête de mon auguste époux et sur la vôtre ; je suis éloignée d'ajouter foi à tous les bruits populaires ; et mon respect pour le Roi, a toujours éloigné avec lui une explication que je ne veux tenir que de vous.

ADELAÏDE.

Ah ! Madame, je mourrois de douleur, si l'idée même du crime étoit entrée dans mon cœur. Victime malheureuse d'un attentat que j'étois bien éloignée de prévoir, je succombe sous le poids de mes peines, et tout me condamne au silence.

LA REINE.

Ce silence, Madame, et les apparences, suffiroient pour m'éclairer ; si vos vertus n'emportoient la balance dans mon cœur. Se pourroit-il que le Roi !......

ADELAÏDE, (*vivement.*)

Ah ! Madame. S'il existe un cœur pur, c'est celui de votre auguste époux. Lui coupable des crimes qui causent tous mes malheurs ! ah ! gardez-vous de le croire. Le Roi est innocent, Madame, j'en fais le serment à la face du Ciel. Mais sachez qu'il existe un mystère affreux que je ne puis dévoiler en ce moment.

LA REINE.

Qu'entends-je ?

ADELAÏDE (*dans le plus grand désordre.*)

Pardonnez à mon désespoir ; ne me jugez point sur les rapports mensongers des courtisans, mon ame s'exaleroit de mon corps, si je perdois à-la-fois vos bontés et le cœur de mon époux. Veuillez m'admettre secrétement auprès de vous, Madame ; c'est à vos pieds que je déposerai des secrets..... qui feront peut-être bien des malheureux.

La Reine.

Calmez-vous, aimable Adelaïde; et croyez que mes bras, comme mon cœur, vous seront toujours ouverts.

(*La Reine sort avec Adelaïde, et toute sa suite.*)

Fin du troisième Acte.

ACTE IV.

SCÈNE PREMIÈRE.

JULIE, FUCOSI (*survenant.*)

JULIE *entrant éplorée.*

O CIEL! tout est découvert. (*A part.*) Qu'ai-je fait malheureuse que je suis!.....

FUCOSI.

Qui peut causer votre trouble, Mademoiselle?

JULIE.

Ah! mon cher Fucosi, sauvez-moi; sans votre secours je suis perdue.

FUCOSI.

Que puis-je? Parlez.

JULIE.

Honorée, comme vous le savez, des bontés de Monsieur le Comte Henry, j'étois dans la confidence de tous ses projets.

FUCOSI.

Eh bien! achevez.

JULIE.

Je devois selon ses ordres, me trouver à la porte du jardin, pour l'aider dans l'exécution de ses desseins. Mais par une étrange fatalité, je vois que tout est déconcerté.

FUCOSI.

Seroit-il arrivé quelqu'événement? Vous m'effrayez!

JULIE.

Je vais vous instruire de tout. Je m'étois rendue à la porte du jardin, comme je l'avois promis au Comte, pour y attendre l'heure indiquée; j'entends du bruit; j'entrouvre la porte avec précaution; j'apperçois un groupe d'hommes. L'obscurité de la nuit ne me permettoit pas de les distinguer; un d'entr'eux s'approche et m'aborde; sa démarche mystérieuse me le fait prendre pour le Comte, et je l'introduis dans le jardin : il me questionne sur Adelaïde. N'ayant plus aucun doute, je lui indique comment il peut pénétrer dans son appartement; il me répondoit à voix très-basse, et j'avois de la peine à le comprendre. Enfin, nous arrivons au grand salon de César, et il demeure tout pensif, se promenant, sans répondre à ce que je lui disois; son peu d'empressement d'entrer dans la chambre d'Adelaïde, fixe mes soupçons; je reconnois ma méprise, je m'éloigne aussitôt; à peine sortie de l'appartement, je vois le Comte escorté de ses Gardes.

FUCOSI.

Et l'avez-vous instruit de ce qui ce passoit?

JULIE.

Je n'en ai pas eu le temps; car ce concours de monde dans le salon, n'a pu être ignoré long-temps; les Gardes de l'Amiral, tous les gens du Palais ont été rassemblés sur le champ. Le Grand-Amiral a paru à la tête de tout son monde; un tumulte de gens armés a retenti de tous les côtés; l'esclave s'étoit attaché au Comte, et déjà le forçoit au combat. Mais le Grand-Amiral l'ayant reconnu, les a séparés. Immobile de frayeur, j'avois les yeux fixés sur l'inconnu que je croyois le Comte Henry..... C'étoit le Roi..... Oui, le Roi lui-même. Un instant plus tard, il perdoit peut-être la vie.

FUCOSI, (*à part.*)

Je n'en suis pas surpris. (*Haut.*) Que dites-vous? Le Roi, déguisé, la nuit, dans le jardin! Cela ne peut être. Et son escorte étoit-elle nombreuse?

JULIE.

Elle consistoit en six hommes seulement, qui, si l'on peut en juger par le déguisement, doivent être des personnages distingués.

FUCOSI.

Sont-ils sortis du Palais ?

JULIE.

Je ne le crois pas; et ils ne peuvent éviter de traverser ce salon. Le Comte, je pense, ne sortira pas de sitôt.

FUCOSI.

Et pourquoi ?

JULIE.

Lorsqu'il a reconnu le Roi, il s'est tenu à l'écart, de peur d'être découvert. Adieu; je vous laisse. Soyez mon appui près de Monsieur le Comte. (*Elle sort.*)

SCÈNE II.

FUCOSI *seul.*

CE que Julie vient de m'apprendre, seroit-il vrai ? Eh quoi ! le Roi qui devroit être le protecteur de ses sujets !..... Non, tout me dit que j'ai rempli mon devoir en l'instruisant des dangers qui menaçoient mon pays. Et mon attachement pour le Comte, ne devoit pas l'emporter sur le bien général. Le Roi l'a devancé dans ses projets criminels. J'ai d'abord empêché un crime, puisque le Roi n'avoit d'autres intentions que de sauver Adélaïde. Je lui ai de même dévoilé la conspiration, sans nommer les coupables; puisse-t-il déjouer leurs complots, et préserver une famille illustre, des dangers qui la menacent. J'entends du bruit, éloignons-nous. (*Il sort.*)

SCÈNE III.

LE GRAND-AMIRAL, LE COMTE.

Le Grand-Amiral.

J'ai peine à revenir de ma surprise..... Le Roi dans mon Palais, pendant la nuit ; il ne m'est plus possible de douter de son crime ; ses nouveaux projets ne tendoient sans doute, qu'à s'emparer de ma fille..... Mais, mon cher Comte ; croyez-vous qu'elle soit d'intelligence avec lui ?

Le Comte.

Ma présence au Palais, vous le voyez, étoit bien nécessaire. Vous avez à présent la conviction que vous désiriez ; je vais vous en donner une autre, à laquelle vous étiez bien loin de vous attendre. Lisez cette lettre, et vous connoîtrez mieux encore le motif qui m'a conduit en ces lieux. (*Il lui donne la lettre.*)

Le Grand-Amiral *lit le dessus.*

C'est au Roi qu'elle est adressée :

« Seigneur, j'ai besoin de vous entretenir en secret,
» sur des choses que je n'ose confier au papier ; indi-
» quez-moi, je vous supplie, le moyen que je pourrois
» employer pour avoir l'honneur de vous parler un
» instant. «   Adélaïde.

(*Après avoir lu.*)

Qu'ai-je lu, grand Dieu !..... (*Avec fureur.*) Fille ingrate et parjure ; tu as brisé tous les liens qui m'unissoient à toi. La perfide ! Trahir les nœuds les plus sacrés ; et pousser la fausseté jusqu'à paroître les chérir ! Qu'elle redoute la juste colère d'un père. Suivez-moi, Comte. (*Ils sortent.*)

SCENE IV.

CÉSAR *seul, entrant du côté opposé.*

JE ne sais que résoudre des événemens qui se succèdent avec tant de rapidité. Le Roi, déguisé, armé, escorté de ses Gardes! Je veille, je suis attentif à tout, et je ne puis découvrir le fil de l'intrigue dont je suis la victime; si j'en crois les apparences, le Roi est le seul coupable. Et cependant, malgré la fureur de mes transports jaloux, cette idée affreuse ne peut entrer dans mon cœur. N'ai-je point entendu ce Monarque adresser des vœux au Ciel pour qu'il lui accordât la force de sauver la vertu outragée! Non, il n'est point coupable. Voyons ce que peut contenir cette lettre que j'ai trouvée dans le salon; elle m'éclairera peut-être. (*Il l'ouvre.*) Elle est pour le Comte Henry. (*Il la parcourt, et dit.*) Ah! j'en avois le pressentiment; tant de perfidie, ne pouvoit entrer dans le cœur d'un Roi si juste et si bienfaisant. On vient, c'est lui-même; il paroît vivement ému. Eloignons-nous un moment. (*Il s'éloigne.*)

SCÈNE V.

LE ROI, CÉSAR *à l'écart.*

LE ROI *se croyant seul.*

QUELLE nuit d'horreur! Que de crimes dévoilés!

Voilà donc le sort des Souverains !..... C'est en vain qu'ils veulent le bonheur de leurs sujets ; ceux qu'ils comblent de leurs faveurs, souvent sont les premiers à méditer leurs pertes..... (*En voyant César.*) Mais quel est cet esclave ?..... Approche sans crainte..... Que fais-tu dans ces lieux, à cette heure ?

CÉSAR.

J'y veille au salut de deux personnes qui me sont également chères.

LE ROI, (*à part.*)

Seroit-ce un des émissaires des conspirateurs ! (*Haut.*) N'es-tu pas cet esclave envoyé à César, par le Général Charles ?

CÉSAR.

Oui, Seigneur.

LE ROI.

Tu lui as été présenté à l'instant de son départ ! Pourquoi ne l'as-tu pas suivi ?

CÉSAR.

Parce qu'il me chargea d'une lettre pour son épouse, et m'ordonna de rester auprès d'elle.

LE ROI.

Tes devoirs s'étendent, sans doute, au Grand-Amiral, et au Comte Henry ?

CÉSAR.

Comme père de ma maîtresse, je respecte le Grand-Amiral ; mais je méprise le Comte ; et je regretterois ma liberté plus que jamais, si mon esclavage me mettoit dans la dure nécessité de le servir.

LE ROI.

Ta réponse est d'un homme fidèle ; et tu mérites un meilleur sort.

CÉSAR, (*avec force.*)

Oui, fidèle !..... Et je ne forme qu'un vœu ; c'est de le prouver au Roi, et à l'épouse de César.

LE ROI, (*à part.*)

M'auroit-il reconnu. (*Haut.*) Ami, ce dévouement est généreux ; il aura sa récompense. CÉSAR.

CÉSAR.

Je n'en désire qu'une, Seigneur ; c'est de renverser les complots des traîtres. Et qui que vous soyez, je ne balance pas à vous livrer un secret, d'où dépend la sûreté du Roi, et le salut de l'état. S'il est beau de se sacrifier pour eux; il est encore plus grand de prouver qu'il existe un Dieu vengeur qui ne laisse rien d'impuni. Voilà une lettre que le hasard a fait tomber entre mes mains. Lorsque vous êtes entré, je la parcourois ; lisez, Seigneur ; vous frémirez en reconnoissant les perfides.

LE ROI *prend la lettre, et lit haut.*

« Comte, je vous envoye dix mille hommes de mes
» troupes pour votre sûreté, et pour donner plus de
» force à vos desseins. Le Général Sireni, qui les
» commande, doit vous obéir et reconnoître vos or-
» dres. Dès ce moment, je vous nomme Vice-Roi de
» la Sicile ; c'est le témoignage de ma reconnoissance
» pour l'intérêt que vous avez pris à l'agrandissement
» de mon empire, en remettant la Sicile sous ma
» domination; dites de ma part, au Marquis de la
» Roque, à Aubal, à Ernest, et à tous ceux qui se
» montrent dignes de mes faveurs, que je leur témoigne
» ma reconnoissance. «

Signé FRÉDÉRIC.

(*Après avoir lu.*) (*A part.*)

Ministre perfide !..... (*Haut.*) Ami, ta grandeur d'ame ne demeurera pas sans récompense. Sers toujours César et son épouse, avec cet élan généreux qui peut ramener la paix et le bonheur. Je vais rendre compte au Roi de ton noble dévouement. (*Le Roi sort.*)

G

SCÈNE VI.

CÉSAR *seul, regardant aller le Roi.*

Il est loin de penser que c'est à César qu'il devra peut-être sa couronne, et la vie!..... Vils courtisans! Lâches adulateurs de vos Souverains! A quel signe reconnoître désormais les replis de vos cœurs ambitieux?..... Un père foible, trompé par un homme attroce, va déshonorer ses derniers momens! Ses cheveux blanchis par la gloire des armes, seront flétris sur son front desséché!..... O mon père!..... Mon père!.... Et toi, misérable auteur de tous ses forfaits, je veux en arrachant ton détestable cœur, épouvanter tous ceux qui à l'avenir seroient tentés de t'imiter..... Voici les chefs des conjurés, attendons le moment propice.

SCÈNE VII.

LE GRAND-AMIRAL, LE COMTE, CÉSAR.

Le Grand-Amiral, *en entrant, à César.*

Retire-toi, Achmet. (*César se tient caché, et se montre de temps à autres.*)

Le Comte.

L'assemblée à été moins orageuse que je ne le craignois; les momens sont précieux, et doivent être consacrés au bonheur de notre pays. Je viens de donner de nouveaux ordres ; et quand bien même on auroit connoissance de nos projets, rien ne peut plus en retarder la réussite. L'armée de l'Empereur de Naples est débarquée ; elle s'avance à grands pas vers nos murs ; le Marquis de la Roque va se rendre sur les remparts, à la tête de la bourgeoisie armée. Je viens d'envoyer un détachement de nos troupes, pour cerner le grand Conseil, arrêter les Magistrats ; et le Roi doit être en ce moment gardé à vue dans son Palais, par des Chefs de la Ligue.

LE GRAND-AMIRAL.

Songez que notre soin doit être d'anéantir le parti ennemi, et de nous délivrer de notre persécuteur.

CÉSAR, (à part.)

Quelle barbarie !

LE COMTE.

Les portes de la ville seront bientôt occupées par des troupes de l'Empereur. Alexandre Sireni, Général de l'Armée Napolitaine, est déjà dans Palerme, pour proclamer le nouveau Souverain de la Sicile.

CÉSAR, (à part.)

Il n'achevera pas son entreprise.

LE GRAND-AMIRAL, (surpris.)

Quoi ! le Général Sireni est déjà dans Palerme ?

LE COMTE.

Oui, Seigneur. Cependant, j'éprouve une inquiétude que je ne puis vous cacher, et qui doit nous obliger à prendre une prompte résolution.

LE GRAND-AMIRAL.

Vous m'effrayez ! Quelle est-elle ?

LE COMTE.

Je ne sais comment, la lettre de l'Empereur Frédéric, que j'avois apportée avec moi pour la communiquer à l'assemblée, se trouve perdue ! Je l'aurai laissé tomber lors de la rencontre du Roi dans le salon ; je crains qu'elle ne soit entre ses mains. Dans ce cas, il devient prudent d'accélérer nos travaux, et de porter les derniers coups au Roi.

LE GRAND-AMIRAL.

Mais, comment? et par qui?

LE COMTE.

Par votre esclave.

CÉSAR, (à part, en se cachant.)

O monstre!

LE GRAND-AMIRAL.

Oui, c'est l'homme qu'il nous faut; je vais le faire venir. (*Il appelle.*) Achmet!

LE COMTE, (à part.)

La mort sera sa récompense.

CÉSAR, (arrivant.)

Seigneur.

SCÈNE VIII.

LES PRÉCÉDENTS, ADELAIDE.
(*Adelaïde arrive, voit le Comte et son père, et les observe.*)

LE GRAND-AMIRAL, (à César.)

Aimes-tu la liberté?

CÉSAR.

L'homme n'est pas né pour être esclave.

LE GRAND-AMIRAL.

Veux-tu me rendre un service?

CÉSAR.

Ordonnez, Seigneur.

LE GRAND-AMIRAL.

Je vais te combler de bienfaits, et te renvoyer libre dans ta patrie, si tu souscris à ma volonté.

CÉSAR.

La fortune n'a aucun empire sur mon cœur; j'attends seulement vos ordres.

LE GRAND-AMIRAL.

J'aime à t'entendre parler ainsi. Ecoute, mon ami ; depuis que j'ai vu ton attachement pour César, tu as gagné toute mon estime.

CÉSAR.

J'aime César, autant que moi-même, et je ne fais que mon devoir.

LE GRAND-AMIRAL.

Ce sont les sentimens d'un homme de bien..... Son honneur et le mien sont outragés. L'homme que tu as vu dans le salon, entouré de son escorte, est un tyran qui s'est rendu criminel envers ton maître ; il vouloit enlever ma fille ; sans nos efforts, et les tiens, elle seroit en son pouvoir. Mon fils te doit la conservation de son épouse; il faut que le coupable périsse; et nous t'avons choisi pour lui donner la mort. Tu vas par cette action courageuse, servir l'état, tes maîtres, et purger la terre d'un tyran odieux.

CÉSAR.

Seigneur, commandez; je suis prêt à tout entreprendre.

LE COMTE (*lui présentant un poignard.*)

Prends ce poignard; frappe sans pitié; et que le traître meure sous tes coups.

CÉSAR, (*le poignard à la main.*)

Oui, que le traître tremble! Je jure que ce fer vengera l'honneur de César. (*Ils sortent.*)

SCÈNE IX.

ADELAIDE *seule*, (*anéantie.*)

CE monstre est donc parvenu à force de moyens atroces, à entraîner mon père dans ces complots odieux. Le scélérat se couvre du masque de la vertu, quand le crime est dans son cœur !..... Il ose accuser le Roi, et prononcer l'arrêt de sa mort ! Ministre exécrable ! Que ne puis-je diriger sur toi, le coup dont tu menaces ton Souverain !..... Quelle crainte pusillanime pourroit encore me retenir ? Mon libérateur, mon Roi est en danger, et je ne volerois pas à son secours ! Si mon père a pu céder à l'impulsion d'un traître, l'exemple de sa fille lui rendra sa vertu ; il versera du moins son sang pur. Dut-il en arroser son Adelaïde expirante !..... O toi ! cher mortel que je reçus de ses mains, tu ignores les dangers qui menacent sa tête ! Je vois ton corps servir de bouclier à ton Roi, retenir de tes mains ton père égaré, et fouler à tes pieds les vils suppôts de la trahison. Je vole auprès de la Reine, elle est épouse ; son courage doublera ses forces et les miennes.

Fin du quatrième Acte.

ACTE V.

Le Théâtre représente l'appartement du Roi. Il y a deux Gardes à la porte. Un cabinet est à la droite des acteurs ; une table garnie. Le cabinet doit être disposé de manière qu'il soit bien en vue des spectateurs. Le Roi du côté opposé, est assis devant une table, et plie une lettre qu'il vient d'écrire.

SCÈNE PREMIÈRE.

LE ROI.

Voici donc la récompense des bienfaits dont j'ai comblé les malheureux qui veulent m'enlever à la fois, la couronne et la vie ; les monstres ont fait relever ma Garde par leurs troupes affidées..... La ville est occupée par des hommes dévoués au Ministre barbare ; ce lâche ennemi de ma famille, veut faire proclamer l'Empereur de Naples, Souverain de la Sicile. Abusant de la crédulité du peuple, il ose faire retomber sur moi tous les crimes dont il s'est couvert. Ce coup affreux anéantit mon courage. Mes sujets fidèles, craignant sans doute, la hache des conspirateurs, m'abandonnent. Dieu tout puissant ! veille sur les jours de mon épouse ; je n'espère plus qu'en ta justice. Si le sacrifice de ma vie est nécessaire au bonheur du peuple, je la quitterai sans regret. Heureux de lui prouver à mes derniers momens, combien il m'a toujours été cher. (*Il rentre dans le cabinet, s'assied et reste abattu.*) La fatigue et l'inquiétude m'accablent. (*Il s'appuie sur la table, et se livre à ses réflexions.*)

SCÈNE II.

LE ROI, CÉSAR.

César, *armé et toujours déguisé.* (*Il entre avec inquiétude, regardant de côté et d'autre. Il apperçoit le Roi.*)

La voilà donc cette tête auguste, contre laquelle de perfides sujets ont armé mon bras !..... En quel état ce Prince infortuné, s'offre-t-il à ma vue ? livré sans défense à ses cruels ennemis. Dieu ! quelle affreuse et déplorable situation ! quel spectacle touchant des vicissitudes humaines !..... Je te rends grace, ô Providence ! d'avoir détourné la foudre prête à éclater sur lui, en suggérant à d'infames conspirateurs, l'idée de me choisir, pour porter le coup fatal..... Eh ! quel homme ! (fut-il même un barbare,) n'eût pas été désarmé au seul aspect de ce front royal ? Son cœur eût trahi sa main..... Repose, repose en paix, Monarque magnanime ! Le Ciel protège visiblement tes jours, et veille sur ta gloire. C'est à César qu'il a remis le soin, non d'être le vil instrument de la scélératesse, mais celui des vengeances célestes, l'appui de ta couronne, et le restaurateur des devoirs du sujet envers son Prince. (*Il se trouve près de la table, regarde la lettre, et dit :*) Que vois-je ! une lettre à mon adresse.

(*Il l'ouvre, et lit haut.*)

« Remettez le commandement de l'armée, au Géné-
» ral Charles; revenez aussitôt à Palerme, s'il en est
» temps encore, pour sauver l'Etat. Le Comte Henry
» et le Grand-Amiral, sont les chefs d'une conspiration
» tramée contre mes jours. Ils veulent proclamer
» l'Empereur de Naples, Souverain de la Sicile. Je
» sais que l'armée Napolitaine est débarquée. Je suis
» gardé dans mon Palais, sans pouvoir communiquer
» avec qui que ce soit; tous les Magistrats de Palerme
» sont arrêtés; et votre Roi va périr, si un Dieu tuté-
» laire ne vient à son secours! Je vous écris pour la
» dernière fois; n'oubliez pas ma famille. Adieu. «

G u i l l a u m e.

Oh! les traîtres!..... Non, tu ne périras point. Je
m'abreuverois de tout leur sang, avant qu'une main
sacrilége osât t'approcher. (*Il presse la lettre sur son
sein.*) Quels feux embrasent mon cœur, lorsque je le
presse de ces caractères sacrés, tracés de la main de
mon Souverain!..... (*Avec la plus grande énergie.*)
Tremblez, scélérats! L'heure terrible va bientôt son-
ner; et les maux que vous accumulez sur mon bienfaiteur, vont retomber sur vos têtes coupables. Vous
n'avez pas frémi d'armer mon bras. Eh bien! il ne
s'arrêtera que lorsque vous serez étendus sur la poussière. Oui, traîtres, vous périrez tous; je le sens aux
transports qui m'enflamment. (*Le Comte paroît.*)
Le voilà ce vil assassin. Dieu veille sur les jours du
meilleur des Monarques. (*Il s'éloigne.*)

Le Roi sort de son cabinet. (*Il paroît inquiet,
s'approche de la table, et dit.*)

On s'est, sans doute, emparé de ma lettre.

H

SCÈNE III.

LES PRÉCÉDENTS, LE COMTE.

Le Roi, (*en appercevant le Comte.*)

Voilà donc mon accusateur, et mon juge.
Le Comte.
J'ignore, Seigneur, ce qui se trame contre votre personne; le désordre est par-tout. J'ai voulu en me présentant, arrêter les mouvemens des séditieux; mais tous mes efforts ont été vains. J'ai forcé un passage pour venir jusqu'à vous, et remplir les devoirs d'un sujet fidèle, en vous offrant les moyens de vous sauver. Souffrez donc que je vous conduise en un lieu sûr, où sans danger vous puissiez attendre le rétablissement du calme, et échapper aux recherches des factieux qui vous entourent.
Le Roi, (*à part.*)
O comble de perfidie! (*Haut.*) Malheureux! Oses-tu bien encore te présenter devant moi. Ton cœur est le repaire de tous les crimes, et ta bouche invoque la vertu!..... Toi sujet fidèle! toi sensible aux malheurs dont je suis menacé! Profanateur de tout ce que les hommes ont de plus sacré; ta fausse douleur, ta pitié insultante, sont pour moi des outrages les plus cruels. Monstre! retire-toi de ma présence; le rapt et l'incendie sont les moindres de tes forfaits. Lâche! La calomnie, la trahison, le régicide, sont les éternels objets de ta pensée. Ta bouche impure osa me calomnier aux yeux de mes sujets, en rejettant sur moi l'in-

cendie du Palais de l'Amiral, et l'enlévement de sa fille. Misérable ! Celui qui voit tout, sait que son bras invisible guidoit le mien pour déjouer tes projets exécrables. Mon cœur ne pouvoit t'en soupçonner ; il m'a fallu des preuves aussi sûres que celles qui sont devant mes yeux, pour croire à tant de perfidies..... Réponds, si tu l'oses, à tout ce que tu viens d'entendre ?..... Ou plutôt, avoue tes forfaits ; rends un témoignage éclatant à la fidélité de la malheureuse Adelaïde ; respecte une femme vertueuse, qui chérie son époux, autant qu'elle t'abhorre.

LE COMTE, (*à part.*)

Je suis trahi.

LE ROI.

Tes regards n'osent s'arrêter sur ta victime..... Je sais que tu vas jouir du fruit de tous tes crimes..... Mais tremble encore ! La main qui protège l'innocence, peut s'appesantir sur toi.

LE COMTE, (*avec toute l'audace d'un traître.*)

Eh ! qu'ai-je à redouter ? Vous ne connoissez pas toute l'étendue de mon pouvoir ; le vôtre est anéanti pour toujours. Oui, j'aimois Adelaïde ; je l'aime encore ; et ma vengeance a dû retomber sur celui qui l'avoit mise dans les bras d'un autre ; l'amour m'a rendu capable de tout. Je sais qu'Adelaïde me dédaigne ; mais je saurai la contraindre ; et vous ressentirez le premier, les effets de ma fureur. Holà ! Gardes.

SCÈNE IV.

LES PRÉCÉDENTS, DEUX SOLDATS, CÉSAR.

(*L'un des Soldats tient des chaînes.*)

LE ROI, (*appercevant les chaînes.*)

Que vois-je !

LE COMTE.

Ton supplice !

LE ROI.

O Ciel ! tout m'abandonne.

CÉSAR *accourant furieux.*

Non, arrêtez !..... Meurs scélérat. (*Il frappe le Comte d'un poignard.*) (*Aux Soldats, d'un ton surnaturel.*) Soldats, tel étoit le sort réservé à ce traître ; que ses restes impurs ne souillent plus les regards de votre Roi. (*Le Comte est tombé dans les bras des Soldats, ils l'emportent. César, après une courte pantomime, qui marque le contentement qu'il éprouve d'avoir sauvé le Roi, sort précipitamment.*)

SCÈNE V.

LE ROI *seul, et qui étoit tombé sur un siége.*

Ou suis-je ? Et qui m'a secouru ? La providence a daigné veiller sur moi ! J'ai cru reconnoître l'esclave fidèle, dans mon libérateur; sa main seule a pu me préserver et déjouer les complots des pervers. Mais tout ce qui m'est cher, sera-t-il échappé à leurs coups? Mathilde! quel est ton sort? Peut-être, hélas! le sommeil de la mort a fermé ta paupière. O Dieu! toi le protecteur de l'innocence, ne me couvre pas seul de ton invincible bouclier! Daigne étendre sur ma famille et sur tous les miens, ta puissante protection.

SCÈNE VI.

LE ROI, DEUX DÉPUTÉS DU MAGISTRAT, SOLDATS.

Un Député.

LE Magistrat de la ville, Seigneur, victime de la fureur d'une horde de conspirateurs, et retenu dans les fers jusqu'à ce moment, n'a pu vous donner des preuves de sa fidélité. Délivré par des sujets dévoués à leur Souverain, il accourt remplir son devoir auprès de votre auguste personne. Vos Gardes, et nous, Seigneur, vous ferons un rempart de nos corps. Les satellites des tyrans sont préssés de toutes parts. La Reine, entourrée du peuple, aura bientôt achevé leur défaite.

Le Roi.

La Reine!..... Ah! courons garantir des jours si chers. Que ne peut un tel exemple, et le désir de sauver l'Etat.

SCÈNE VII.

LES PRÉCÉDENTS, RENALDI.

RENALDI.

Vous triomphez, Seigneur; et les conspirateurs ont reçu la juste punition de leurs forfaits.

LE ROI.

Grand Dieu !..... Et à qui devons-nous ces succès inespérés ?

RENALDI.

La Reine, César et le peuple, se sont couverts de gloire.

LE ROI.

La Reine, et César !

RENALDI.

Oui, Seigneur. L'armée ennemie s'étoit emparée de toutes les portes de la ville. Les conjurés assemblés, délibéroient entr'eux, et comptoient sur le peuple qu'ils avoient séduit; ils avisoient, avec acharnement, aux infames moyens d'attenter à la vie de leur Roi; mais le Ciel veilloit sur vos jours; tous les esprits n'étoient point égarés et corrompus ; il vous restoit encore des sujets fidèles, déterminés à périr, plutôt que de trahir leur Souverain. Tout à coup, on entend dans Palerme épouvantée, le signal affreux de la révolte et du carnage ; mille voix séditieuses font retentir les airs de ces horribles imprécations : *Vive l'Empereur Frédéric, et mort au Roi Guillaume*. La rage de vos ennemis étoit parvenue à son comble, et ne connoissant plus de frein, ils alloient se porter aux plus grands excès, quand la Reine se présente au peuple, environnée d'une suite

nombreuse, qui étoit bien décidée à défendre jusqu'à la mort les droits de son Souverain. Elle est effrayée d'abord d'entendre les cris tumultueux de ce peuple effréné ; mais son escorte devenant plus imposante par les renforts qui arrivoient de toutes parts, la Reine calme ses craintes, arrête nos bras prêts à frapper ; elle s'avance au milieu du peuple, avec cet air de grandeur qui la caractérise, et lui dit : « Peuple ! tu sers sans t'en
» douter, d'instrument, à ceux qui veulent anéantir tes
» droits, et livrer ton pays au plus implacable ennemi
» de ton Souverain. Tu veux plonger tes mains dans le
» sang de ton Prince..... As-tu oublié tes sermens ?
» Quelques actions de sa vie, ont-elles pu t'en déga-
» ger ? Non, peuple ! tu fus toujours l'objet de sa
» tendre sollicitude ; et même dans ces momens affreux,
» chargé de fers par les conspirateurs, il élève ses vœux
» au Ciel pour qu'il t'épargne, lors même de tes
» égaremens. Ton Dieu t'appelle au secours de ton
» Roi, il t'ordonne de sauver ses jours, tes lois et ta
» patrie. Volons donc à leur défense ; et si nous suc-
» combons dans cette grande entreprise, que ce soit
» du moins couverts d'une gloire immortelle. « A peine a-t-elle cessé de parler, que César paroît, semblable au Dieu des combats, agitant de son bras redoutable, le fer qui avoit fait mordre la poussière aux principaux factieux. Aussi prompt que l'éclair, il se dépouille de ses vêtemens d'esclave, qui jusqu'alors avoient trompé tous les yeux. Il s'écrie : « Peuple ! je suis César ; la
» Reine vient de nous montrer notre devoir. Suivez-
» moi ; ne souffrons pas que l'ennemi souille plus
» long-temps nos murs. Le chef des conjurés n'est plus ;
» il a reçu la mort par le fer même qu'il vouloit plon-
» ger dans le cœur de son Roi. Un acte de justice et de
» gloire, doit terminer cette journée mémorable. «
Le peuple impatient, fait retentir les cris de vive le Roi, vive la Patrie. On apprend que les conjurés sont assemblés dans le Palais du Ministre ; on y court, on y

vole; et bientôt le Palais est investi de toutes parts. Les traîtres trompés par l'approche du peuple qu'ils croyoient leur être favorable, pensent que leur coupable projet est couronné par le succès, et que vous n'existez plus. Mais leur espérance est bientôt évanouie, lorsqu'ils entendent leurs sentences de mort, sortir de la bouche des hommes qu'ils avoient trompés et égarés; les uns pour se sauver, se précipitent par les fenêtres du Palais, d'autres se poignardent; et ceux qui n'ont pu trouver la mort qu'ils cherchoient, attendent dans les fers la peine due aux régicides et aux traîtres.

LE ROI.

César, dans Palerme! Mais par quel prodige?..... Et l'armée ennemie?

RENALDI.

Chassée sur tous les points qu'elle avoit occupé, elle a gagné avec beaucoup de peine l'escadre qui s'éloigne du port.

SCÈNE VIII.

LES PRÉCÉDENTS, LA REINE, CÉSAR.

(*La Reine avec une suite nombreuse ; César en grande tenue de Général; Officiers supérieurs; un Peloton de Soldats; Drapeau déployé.*)

LA REINE.

Seigneur, reconnoissez dans César, l'esclave fidèle à qui nous devons la conservation de vos jours; l'État son salut; et le peuple son bonheur.

CÉSAR, (*se jetant aux pieds du Roi, qui le relève.*)

Seigneur !.... Qu'il m'eût été doux de calmer vos alarmes,

allarmes, lorsque je parus devant vous sous le déguisement africain, et de mettre sous vos yeux les complots des conspirateurs; mais il me falloit en veillant sur vos jours, déjouer leurs trames perfides; je m'exposois sans vous servir à manquer ce but précieux, et à leur donner le temps de parer les coups que je devois leur porter; mon corps frissonne d'horreur en pensant aux dangers que courroient votre personne sacrée! J'ai dû frapper le traître; la Reine et l'amour du peuple, ont achevé mon ouvrage. Qui pourroit ne pas s'estimer heureux de s'être exposé pour une cause si belle !

LE ROI.

A ce trait magnanime, je reconnois César; le héros qui tant de fois s'est illustré en soutenant l'éclat de la couronne, étoit digne aussi de sauver les jours de son Souverain, de son ami. Comment pourrai-je jamais m'acquitter envers lui?

CÉSAR.

En me permettant de vous prouver sans cesse, que Dieu, l'honneur et mon Roi, seront toujours la base sacrée de toutes mes actions.

SCÈNE IX ET DERNIÈRE.

LES PRÉCÉDENTS, ADELAIDE.

DEUX DAMES DE SA SUITE.

ADELAÏDE, (*se jetant aux pieds du Roi.*)

SEIGNEUR, les jours de mon père sont entre vos mains. Sa fille, expirant de douleur à vos pieds, attend de votre bonté, de votre clémence, la grace de ce trop malheureux criminel !. (*A César.*) Et toi, cher époux!...... Toi, l'ame de ma vie, daigne joindre tes prières à celles d'une épouse fidèle.

LE ROI.

Relevez-vous, femme vertueuse et sensible!..... Votre père est bien coupable!

CÉSAR.

Il est vrai, Seigneur; mais le Comte l'avoit égaré en lui montrant sous les couleurs les plus noires, le déshonneur que vous aviez répandu sur sa famille; le désir de la vengeance l'a sans doute emporté trop loin. Mais peignez-vous le désespoir et le repentir de ce vieillard infortuné, en apprenant qu'il avoit été victime du scélérat qui nous a tous trompés. Rappelez à votre cœur bienfaisant, les jours glorieux qu'il a consacrés à votre service, et à celui de vos illustres ancêtres. Il est coupable sans doute! mais, Seigneur, c'est à vos pieds que nous osons vous prier d'immortaliser ce jour, et de le rendre le plus beau de notre vie.

(*César et Adelaïde tombent aux pieds du Roi.*)

LE ROI.

Relevez-vous, aimable Adelaïde!..... Venez dans mes bras, mon cher César!..... Mon cœur ne sera pas moins grand que les vôtres. Dites à votre père que je lui pardonne.

CÉSAR, (*remettant des papiers au Roi.*)

Seigneur, voici toute la correspondance des conjurés.

LE ROI.

Les crimes de ces misérables sont énormes, et ne peuvent rester impunis!..... Mais, hélas! que ces devoirs sont cruels à remplir!

CÉSAR, (*avec énergie.*)

Des hommes qui veulent déchirer le sein de leur patrie, ne méritent nulle pitié, Seigneur; livrez-vous au penchant de votre cœur, en étendant votre clémence sur ceux qui n'ont été qu'égarés..... Mais épargner des régicides, pour qui les bienfaits même du Prince ont toujours été des outrages ! c'est exposer le peuple à retomber dans de nouvelles erreurs; c'est affoiblir son respect et son amour pour son Roi.

FIN DE LA PIÈCE.

NOTA.

« LEs exemplaires réquis par la loi, sont déposés à
» la Bibliothèque Impériale. Je déclare que je mets
» mon ouvrage sous la sauve-garde des lois : et je
» poursuivrai devant les Tribunaux, tous Imprimeurs,
» Libraires, Contrefacteurs et Colporteurs d'exemplai-
» res dudit ouvrage, non signés par moi. «
Achevé d'imprimer, le 26 Août 1808.

www.ingramcontent.com/pod-product-compliance
Lightning Source LLC
LaVergne TN
LVHW051514090426
835512LV00010B/2530